Ce

Journal de gratitude

appartient à :

ZAKARYAE_WRITINGS

Chers Clients,

Merci de votre confiance, si vous aimez ce journal, n'hésitez pas à me laisser un commentaire sur Amazon

Un grand merci

Zakaryae jilal

Date: / /

« IL FAUT VISER LA LUNE, PARCE QU'AU MOINS, SI VOUS ÉCHOUEZ, VOUS FINIREZ DANS LES ÉTOILES. »

Oscar Wilde

Je suis reconnaissant(e) :

Mon affirmation positive :

Ce qui fera d'aujourd'hui une belle journée :

Défi : passez une journée entière sans réseaux sociaux

Mon humeur : ☐ ☐ ☐

Ces choses qui m'ont donné le sourire aujourd'hui :

Comment aurais-je pu rendre cette journée encore meilleure ?

Date: / /

« LA MEILLEURE FAÇON DE PRÉDIRE L'AVENIR EST DE LE CRÉER. »

Peter Drucker

Je suis reconnaissant(e) :

....

....

Mon affirmation positive :

....

Ce qui fera d'aujourd'hui une belle journée :

....

....

Mon humeur : ☐ ☐ ☐

Ces choses qui m'ont donné le sourire aujourd'hui :

....

....

Comment aurais-je pu rendre cette journée encore meilleure ?

....

Date: / /

« LE DÉSIR DE BIEN FAIRE EST UN PUISSANT MOTEUR. CELUI DE FAIRE DU BIEN EST PLUS PUISSANT ENCORE. »

Michael Aguilar

Je suis reconnaissant(e) :

Mon affirmation positive :

Ce qui fera d'aujourd'hui une belle journée :

Mon humeur : ☐ ☐ ☐

Ces choses qui m'ont donné le sourire aujourd'hui :

Comment aurais-je pu rendre cette journée encore meilleure ?

Date: / /

« LE PESSIMISTE DIT : JE CROIRAI QUAND JE LE VERRAI. »
« L'OPTIMISTE DIT : JE LE VERRAI QUAND JE LE CROIRAI. »
Zig Ziglar

Je suis reconnaissant(e) :

Mon affirmation positive :

Ce qui fera d'aujourd'hui une belle journée :

Défi : Faites 20 minutes de sport

Mon humeur : ☐ ☐ ☐

Ces choses qui m'ont donné le sourire aujourd'hui :

Comment aurais-je pu rendre cette journée encore meilleure ?

Date: / /

« CROYEZ EN VOS RÊVES ET ILS SE RÉALISERONT PEUT-ÊTRE.
CROYEZ EN VOUS ET ILS SE RÉALISERONT SÛREMENT. »
Martin Luther King

Je suis reconnaissant(e) :

Mon affirmation positive :

Ce qui fera d'aujourd'hui une belle journée :

Mon humeur : ☐ ☐ ☐

Ces choses qui m'ont donné le sourire aujourd'hui :

Comment aurais-je pu rendre cette journée encore meilleure ?

Date: / /

« SI VOUS POUVEZ LE RÊVER, VOUS POUVEZ LE FAIRE. »

Walt Disney

Je suis reconnaissant(e) :

Mon affirmation positive :

Ce qui fera d'aujourd'hui une belle journée :

Mon humeur : ☐ ☐ ☐

Ces choses qui m'ont donné le sourire aujourd'hui :

Comment aurais-je pu rendre cette journée encore meilleure ?

Date: / /

« LE SEUL ENDROIT OÙ LE SUCCÈS PRÉCÈDE LE TRAVAIL EST DANS LE DICTIONNAIRE. »

Vidal Sassoon

Je suis reconnaissant(e) :

Mon affirmation positive :

Ce qui fera d'aujourd'hui une belle journée :

Mon humeur : ☐ ☐ ☐

Ces choses qui m'ont donné le sourire aujourd'hui :

Comment aurais-je pu rendre cette journée encore meilleure ?

Date: / /

« LE BUT DE LA VIE, CE N'EST PAS L'ESPOIR DE DEVENIR PARFAIT, C'EST LA VOLONTÉ D'ÊTRE TOUJOURS MEILLEUR. »

Ralph Waldo Emerson

Je suis reconnaissant(e) :

Mon affirmation positive :

Ce qui fera d'aujourd'hui une belle journée :

Défi : Faites une bonne action pour un inconnu

Mon humeur : ☐ ☐ ☐

Ces choses qui m'ont donné le sourire aujourd'hui :

Comment aurais-je pu rendre cette journée encore meilleure ?

Date: / /

« IL N'Y A QU'UNE FAÇON D'ÉCHOUER, C'EST D'ABANDONNER AVANT D'AVOIR RÉUSSI. »

Georges Clémenceau

Je suis reconnaissant(e) :

Mon affirmation positive :

Ce qui fera d'aujourd'hui une belle journée :

Mon humeur : ☐ ☐ ☐

Ces choses qui m'ont donné le sourire aujourd'hui :

Comment aurais-je pu rendre cette journée encore meilleure ?

Date: / /

« NE CRAIGNEZ PAS LA PERFECTION, VOUS N'Y PARVIENDREZ JAMAIS. »

Salvador Dali

Je suis reconnaissant(e) :

Mon affirmation positive :

Ce qui fera d'aujourd'hui une belle journée :

Mon humeur : ☐ ☐ ☐

Ces choses qui m'ont donné le sourire aujourd'hui :

Comment aurais-je pu rendre cette journée encore meilleure ?

Date: / /

« EN SUIVANT LE CHEMIN QUI S'APPELLE PLUS TARD, NOUS ARRIVONS SUR LA PLACE QUI S'APPELLE JAMAIS. »

Sénèque

Je suis reconnaissant(e) :

Mon affirmation positive :

Ce qui fera d'aujourd'hui une belle journée :

Défi : Appelez un ami(e) (pas de texto)

Mon humeur :

Ces choses qui m'ont donné le sourire aujourd'hui :

Comment aurais-je pu rendre cette journée encore meilleure ?

Date: / /

« LES OBSTACLES SONT CES CHOSES EFFRAYANTES QUE VOUS APERCEVEZ LORSQUE VOUS DÉTOURNEZ LES YEUX DE VOS OBJECTIFS. » Henry Ford

Je suis reconnaissant(e) :

Mon affirmation positive :

Ce qui fera d'aujourd'hui une belle journée :

Mon humeur : ☐ ☐ ☐

Ces choses qui m'ont donné le sourire aujourd'hui :

Comment aurais-je pu rendre cette journée encore meilleure ?

Date: / /

« POUR POUVOIR CONTEMPLER UN ARC-EN-CIEL, IL FAUT D'ABORD ENDURER LA PLUIE. »

Proverbe chinois

Je suis reconnaissant(e) :

Mon affirmation positive :

Ce qui fera d'aujourd'hui une belle journée :

Mon humeur : ☐ ☐ ☐

Ces choses qui m'ont donné le sourire aujourd'hui :

Comment aurais-je pu rendre cette journée encore meilleure ?

Date: / /

« LA PLUS GRANDE ERREUR QUE VOUS PUISSIEZ FAIRE, DANS LA VIE, C'EST D'AVOIR PEUR DE FAIRE DES ERREURS. »

John Fitzgerald Kennedy

Je suis reconnaissant(e) :

Mon affirmation positive :

Ce qui fera d'aujourd'hui une belle journée :

Mon humeur : ☐ ☐ ☐

Ces choses qui m'ont donné le sourire aujourd'hui :

Comment aurais-je pu rendre cette journée encore meilleure ?

Date: / /

« AGISSEZ TOUJOURS COMME S'IL ÉTAIT IMPOSSIBLE D'ÉCHOUER.
»Winston Churchill

Je suis reconnaissant(e) :

Mon affirmation positive :

Ce qui fera d'aujourd'hui une belle journée :

Défi : Faites un gros câlin pour un de tes proches

Mon humeur :

Ces choses qui m'ont donné le sourire aujourd'hui :

Comment aurais-je pu rendre cette journée encore meilleure ?

Date: / /

« IL EST DIFFICILE D'ÉCHOUER. MAIS IL EST ENCORE PLUS DIFFICILE DE NE PAS AVOIR ESSAYÉ DE RÉUSSIR. »

Théodore Roosevelt

Je suis reconnaissant(e) :

Mon affirmation positive :

Ce qui fera d'aujourd'hui une belle journée :

Mon humeur : ☐ ☐ ☐

Ces choses qui m'ont donné le sourire aujourd'hui :

Comment aurais-je pu rendre cette journée encore meilleure ?

Date: / /

« L'ÉCHEC EST L'ÉPICE QUI DONNE SA SAVEUR AU SUCCÈS. »
Truman Capote

Je suis reconnaissant(e) :

Mon affirmation positive :

Ce qui fera d'aujourd'hui une belle journée :

Mon humeur : ☐ ☐ ☐

Ces choses qui m'ont donné le sourire aujourd'hui :

Comment aurais-je pu rendre cette journée encore meilleure ?

Date: / /

« L'ÉCHEC N'EST QU'UNE OPPORTUNITÉ POUR RECOMMENCER LA MÊME CHOSE PLUS INTELLIGEMMENT. »

Henry Ford

Je suis reconnaissant(e) :

Mon affirmation positive :

Ce qui fera d'aujourd'hui une belle journée :

Mon humeur : ☐ ☐ ☐

Ces choses qui m'ont donné le sourire aujourd'hui :

Comment aurais-je pu rendre cette journée encore meilleure ?

Date: / /

« Ne t'inquiète pas de l'échec. Inquiète toi de ce que tu manques si tu n'essayes même pas. » Jack Canfield

Je suis reconnaissant(e) :

....

....

Mon affirmation positive :

....

Ce qui fera d'aujourd'hui une belle journée :

....

Défi : Passez la journée entière sans vous plaindre

Mon humeur : ☐ ☐ ☐

Ces choses qui m'ont donné le sourire aujourd'hui :

....

....

Comment aurais-je pu rendre cette journée encore meilleure ?

....

Date: / /

« Un énorme succès est la meilleure des vengeances. »
Frank Sinatra

Je suis reconnaissant(e) :

Mon affirmation positive :

Ce qui fera d'aujourd'hui une belle journée :

Mon humeur : ☐ ☐ ☐

Ces choses qui m'ont donné le sourire aujourd'hui :

Comment aurais-je pu rendre cette journée encore meilleure ?

Date: / /

« Je suis reconnaissant à tous ceux qui m'ont dit NON. C'est à grâce à eux que je suis moi-même. » Albert Einstein

Je suis reconnaissant(e) :

Mon affirmation positive :

Ce qui fera d'aujourd'hui une belle journée :

Mon humeur : ☐ ☐ ☐

Ces choses qui m'ont donné le sourire aujourd'hui :

Comment aurais-je pu rendre cette journée encore meilleure ?

Date: / /

« Un objectif bien défini est à moitié atteint. »
Abraham Lincoln

Je suis reconnaissant(e) :

Mon affirmation positive :

Ce qui fera d'aujourd'hui une belle journée :

Défi : Offrez vous votre pâtisserie préférée

Mon humeur : ☐ ☐ ☐

Ces choses qui m'ont donné le sourire aujourd'hui :

Comment aurais-je pu rendre cette journée encore meilleure ?

Date: / /

« La seule chose qui se dresse entre vous et votre rêve, c'est la volonté d'essayer et la conviction qu'il est réellement possible. »

Joel Brown

Je suis reconnaissant(e) :

Mon affirmation positive :

Ce qui fera d'aujourd'hui une belle journée :

Mon humeur : ☐ ☐ ☐

Ces choses qui m'ont donné le sourire aujourd'hui :

Comment aurais-je pu rendre cette journée encore meilleure ?

Date: / /

« Au fur et à mesure que je modifie mes pensées, le monde autour de moi se transforme. » Louise L. Hay

Je suis reconnaissant(e) :

Mon affirmation positive :

Ce qui fera d'aujourd'hui une belle journée :

Mon humeur : ☐ ☐ ☐

Ces choses qui m'ont donné le sourire aujourd'hui :

Comment aurais-je pu rendre cette journée encore meilleure ?

Date: / /

« Un pessimiste voit la difficulté dans chaque opportunité, un optimiste voit l'opportunité dans chaque difficulté. » Winston Churchill

Je suis reconnaissant(e) :

....

....

Mon affirmation positive :

....

Ce qui fera d'aujourd'hui une belle journée :

....

....

Mon humeur :

Ces choses qui m'ont donné le sourire aujourd'hui :

....

....

Comment aurais-je pu rendre cette journée encore meilleure ?

....

Date: / /

« Il y a plus de courage que de talent dans la plupart des réussites. » Félix Leclerc

Je suis reconnaissant(e) :

Mon affirmation positive :

Ce qui fera d'aujourd'hui une belle journée :

Défi : Commencez un nouveau livre

Mon humeur : ☐ ☐ ☐

Ces choses qui m'ont donné le sourire aujourd'hui :

Comment aurais-je pu rendre cette journée encore meilleure ?

Date: / /

« Le succès c'est d'aller d'échec en échec sans perdre son enthousiasme. » Winston Churchill

Je suis reconnaissant(e) :

Mon affirmation positive :

Ce qui fera d'aujourd'hui une belle journée :

Mon humeur :

Ces choses qui m'ont donné le sourire aujourd'hui :

Comment aurais-je pu rendre cette journée encore meilleure ?

Date: / /

« L'esprit est tout. Vous devenez ce que vous pensez. »
Bouddha

Je suis reconnaissant(e) :

Mon affirmation positive :

Ce qui fera d'aujourd'hui une belle journée :

Mon humeur : ☐ ☐ ☐

Ces choses qui m'ont donné le sourire aujourd'hui :

Comment aurais-je pu rendre cette journée encore meilleure ?

Date: / /

« Le succès n'est pas la clé du bonheur. Le bonheur est la clé du succès. Si vous aimez ce que vous faites, vous réussirez. »

Albert Schweitzer

Je suis reconnaissant(e) :

Mon affirmation positive :

Ce qui fera d'aujourd'hui une belle journée :

Mon humeur : ☐ ☐ ☐

Ces choses qui m'ont donné le sourire aujourd'hui :

Comment aurais-je pu rendre cette journée encore meilleure ?

Date: / /

« Le plus souvent, les gens abandonnent leur pouvoir car il pense qu'ils n'en ont pas. » Alice Walker

Je suis reconnaissant(e) :

Mon affirmation positive :

Ce qui fera d'aujourd'hui une belle journée :

Défi : Faites une promenade

Mon humeur : ☐ ☐ ☐

Ces choses qui m'ont donné le sourire aujourd'hui :

Comment aurais-je pu rendre cette journée encore meilleure ?

Date: / /

« Les gagnants trouvent des moyens, les perdants des excuses. »
F. D. Roosevelt

Je suis reconnaissant(e) :

Mon affirmation positive :

Ce qui fera d'aujourd'hui une belle journée :

Mon humeur : ☐ ☐ ☐

Ces choses qui m'ont donné le sourire aujourd'hui :

Comment aurais-je pu rendre cette journée encore meilleure ?

Date: / /

« La plus grande découverte de tous les temps c'est qu'une personne peut changer son futur, en changeant simplement son attitude. » Oprah Winfrey

Je suis reconnaissant(e) :

Mon affirmation positive :

Ce qui fera d'aujourd'hui une belle journée :

Mon humeur : ☐ ☐ ☐

Ces choses qui m'ont donné le sourire aujourd'hui :

Comment aurais-je pu rendre cette journée encore meilleure ?

Date: / /

« Ce n'est pas parce que les choses sont difficiles que nous n'osons pas, c'est parce que nous n'osons pas qu'elles sont difficiles. » Sénèque

Je suis reconnaissant(e) :

....

....

Mon affirmation positive :

....

Ce qui fera d'aujourd'hui une belle journée :

....

....

Mon humeur : ☐ ☐ ☐

Ces choses qui m'ont donné le sourire aujourd'hui :

....

....

Comment aurais-je pu rendre cette journée encore meilleure ?

....

Date: / /

« La plus grande erreur que puisse faire un homme est d'avoir peur d'en faire une. » Elbert Hubbard

Je suis reconnaissant(e) :

Mon affirmation positive :

Ce qui fera d'aujourd'hui une belle journée :

Défi : Passez du temps avec votre meilleur ami

Mon humeur : ☐ ☐ ☐

Ces choses qui m'ont donné le sourire aujourd'hui :

Comment aurais-je pu rendre cette journée encore meilleure ?

Date: / /

« Ce n'est pas le vent qui décide de votre destination, c'est l'orientation que vous donnez à votre voile. Le vent est pareil pour tous. » Jim Rohn

Je suis reconnaissant(e) :

Mon affirmation positive :

Ce qui fera d'aujourd'hui une belle journée :

Mon humeur : ☐ ☐ ☐

Ces choses qui m'ont donné le sourire aujourd'hui :

Comment aurais-je pu rendre cette journée encore meilleure ?

Date: / /

« L'humanité se divise en trois catégories : ceux qui ne peuvent pas bouger, ceux qui peuvent bouger, et ceux qui bougent. »

Benjamin Franklin

Je suis reconnaissant(e) :

Mon affirmation positive :

Ce qui fera d'aujourd'hui une belle journée :

Mon humeur : ☐ ☐ ☐

Ces choses qui m'ont donné le sourire aujourd'hui :

Comment aurais-je pu rendre cette journée encore meilleure ?

Date: / /

« Celui qui veut atteindre un objectif lointain doit faire de petits pas. » Saul Bellow

Je suis reconnaissant(e) :

Mon affirmation positive :

Ce qui fera d'aujourd'hui une belle journée :

Mon humeur : ☐ ☐ ☐

Ces choses qui m'ont donné le sourire aujourd'hui :

Comment aurais-je pu rendre cette journée encore meilleure ?

Date: / /

« Ils ne savaient pas que c'était impossible, alors ils l'ont fait. »
Mark Twain

Je suis reconnaissant(e) :

Mon affirmation positive :

Ce qui fera d'aujourd'hui une belle journée :

Défi : Allez faire une promenade en vélo

Mon humeur :

Ces choses qui m'ont donné le sourire aujourd'hui :

Comment aurais-je pu rendre cette journée encore meilleure ?

Date: / /

« Le plus grand échec est de ne pas avoir le courage d'oser. »
Abbé Pierre

Je suis reconnaissant(e) :

Mon affirmation positive :

Ce qui fera d'aujourd'hui une belle journée :

Mon humeur : ☐ ☐ ☐

Ces choses qui m'ont donné le sourire aujourd'hui :

Comment aurais-je pu rendre cette journée encore meilleure ?

Date: / /

« Je ne suis pas un produit de mes circonstances. Je suis un produit de mes décisions. » Stephen Covey

Je suis reconnaissant(e) :

Mon affirmation positive :

Ce qui fera d'aujourd'hui une belle journée :

Mon humeur : ☐ ☐ ☐

Ces choses qui m'ont donné le sourire aujourd'hui :

Comment aurais-je pu rendre cette journée encore meilleure ?

Date: / /

« Plus vous aidez les gens à obtenir ce qu'ils désirent et plus vous avez de succès. » Zig Ziglar

Je suis reconnaissant(e) :

Mon affirmation positive :

Ce qui fera d'aujourd'hui une belle journée :

Mon humeur : ☐ ☐ ☐

Ces choses qui m'ont donné le sourire aujourd'hui :

Comment aurais-je pu rendre cette journée encore meilleure ?

Date: / /

« un intellectuel assis va moins loin qu'un con qui marche. »
Michel Audiard

Je suis reconnaissant(e) :

Mon affirmation positive :

Ce qui fera d'aujourd'hui une belle journée :

Défi : Plantez des fleurs

Mon humeur : ☐ ☐ ☐

Ces choses qui m'ont donné le sourire aujourd'hui :

Comment aurais-je pu rendre cette journée encore meilleure ?

Date: / /

« Le courage ce n'est pas de commence, ni de terminer, c'est de recommencer. » Earl Nightingale

Je suis reconnaissant(e) :

Mon affirmation positive :

Ce qui fera d'aujourd'hui une belle journée :

Mon humeur :

Ces choses qui m'ont donné le sourire aujourd'hui :

Comment aurais-je pu rendre cette journée encore meilleure ?

Date: / /

« Construisez vos propres rêves, ou quelqu'un d'autre va vous embaucher pour construire le sien. » Farrah Gris

Je suis reconnaissant(e) :

Mon affirmation positive :

Ce qui fera d'aujourd'hui une belle journée :

Mon humeur : ☹ ☐ 😐 ☐ ☺ ☐

Ces choses qui m'ont donné le sourire aujourd'hui :

Comment aurais-je pu rendre cette journée encore meilleure ?

Date: / /

« Quand je lâche ce que je suis, je deviens ce que je pourrais être. » Lao Tseu

Je suis reconnaissant(e) :

Mon affirmation positive :

Ce qui fera d'aujourd'hui une belle journée :

Mon humeur : ☐ ☐ ☐

Ces choses qui m'ont donné le sourire aujourd'hui :

Comment aurais-je pu rendre cette journée encore meilleure ?

Date: / /

« La meilleure façon de ne pas avancer, c'est de suivre une idée fixe. » Jacques Prévert

Je suis reconnaissant(e) :

Mon affirmation positive :

Ce qui fera d'aujourd'hui une belle journée :

Défi : Faites des cookies maison

Mon humeur : ☐ ☐ ☐

Ces choses qui m'ont donné le sourire aujourd'hui :

Comment aurais-je pu rendre cette journée encore meilleure ?

Date: / /

29. « Pour pouvoir récolter, il faut accepter de se planter. »
Yannick Etesse

Je suis reconnaissant(e) :

Mon affirmation positive :

Ce qui fera d'aujourd'hui une belle journée :

Mon humeur : ☐ ☐ ☐

Ces choses qui m'ont donné le sourire aujourd'hui :

Comment aurais-je pu rendre cette journée encore meilleure ?

Date: / /

« Si vous fermez la porte à tous les échecs, le succès restera dehors. » Jim Rohn

Je suis reconnaissant(e) :

Mon affirmation positive :

Ce qui fera d'aujourd'hui une belle journée :

Mon humeur : ☐ ☐ ☐

Ces choses qui m'ont donné le sourire aujourd'hui :

Comment aurais-je pu rendre cette journée encore meilleure ?

Date: / /

« Être heureux, c'est faire des heureux. Réussir, c'est faire réussir. » Brian Tracy

Je suis reconnaissant(e) :

Mon affirmation positive :

Ce qui fera d'aujourd'hui une belle journée :

Mon humeur : ☐ ☐ ☐

Ces choses qui m'ont donné le sourire aujourd'hui :

Comment aurais-je pu rendre cette journée encore meilleure ?

Date: / /

« Tout ce que l'esprit peut concevoir et croire, il peut le réaliser »
Napoleon Hill

Je suis reconnaissant(e) :

Mon affirmation positive :

Ce qui fera d'aujourd'hui une belle journée :

Défi : Faites le grand ménage

Mon humeur : ☐ ☐ ☐

Ces choses qui m'ont donné le sourire aujourd'hui :

Comment aurais-je pu rendre cette journée encore meilleure ?

Date: / /

« Une vision sans action n'est qu'un rêve. L'action sans la vision mène nulle part. Une vision accompagné de l'action peut changer le monde. » Loren Eiseley

Je suis reconnaissant(e) :

....

....

Mon affirmation positive :

....

Ce qui fera d'aujourd'hui une belle journée :

....

....

Mon humeur : ☐ ☐ ☐

Ces choses qui m'ont donné le sourire aujourd'hui :

....

....

Comment aurais-je pu rendre cette journée encore meilleure ?

....

Date: / /

« Les gagnants ne lâchent jamais et les lâcheurs ne gagnent jamais. » Vince Lombardi

Je suis reconnaissant(e) :

Mon affirmation positive :

Ce qui fera d'aujourd'hui une belle journée :

Mon humeur : ☐ ☐ ☐

Ces choses qui m'ont donné le sourire aujourd'hui :

Comment aurais-je pu rendre cette journée encore meilleure ?

Date: / /

« La meilleure façon de prédire l'avenir c'est de le créer. »
Peter Drucker

Je suis reconnaissant(e) :

Mon affirmation positive :

Ce qui fera d'aujourd'hui une belle journée :

Mon humeur : ☐ ☐ ☐

Ces choses qui m'ont donné le sourire aujourd'hui :

Comment aurais-je pu rendre cette journée encore meilleure ?

Date: / /

« Je savais que si j'échouais, je ne le regretterais pas ; mais je savais que la seule chose que je pourrais regretter était de ne pas essayer. » Jeff Bezos

Je suis reconnaissant(e) :

Mon affirmation positive :

Ce qui fera d'aujourd'hui une belle journée :

Défi : Offrez vous un truc qui vous fait plaisir

Mon humeur : ☐ ☐ ☐

Ces choses qui m'ont donné le sourire aujourd'hui :

Comment aurais-je pu rendre cette journée encore meilleure ?

Date: / /

« Si vous n'échouez pas de temps en temps, c'est signe que vous ne faites rien d'innovant. » Woody Allen

Je suis reconnaissant(e) :

Mon affirmation positive :

Ce qui fera d'aujourd'hui une belle journée :

Mon humeur : ☐ ☐ ☐

Ces choses qui m'ont donné le sourire aujourd'hui :

Comment aurais-je pu rendre cette journée encore meilleure ?

Date: / /

« Les grands hommes ne naissent pas dans la grandeur, ils grandissent. » Mario Puzo

Je suis reconnaissant(e) :

Mon affirmation positive :

Ce qui fera d'aujourd'hui une belle journée :

Mon humeur : ☐ ☐ ☐

Ces choses qui m'ont donné le sourire aujourd'hui :

Comment aurais-je pu rendre cette journée encore meilleure ?

Date: / /

« La motivation vous fait débuter, mais c'est l'habitude qui vous fait continuer. » Jim Ryun

Je suis reconnaissant(e) :

Mon affirmation positive :

Ce qui fera d'aujourd'hui une belle journée :

Mon humeur : ☐ ☐ ☐

Ces choses qui m'ont donné le sourire aujourd'hui :

Comment aurais-je pu rendre cette journée encore meilleure ?

Date: / /

« N'acceptez jamais la défaite, vous êtes peut-être à un pas de la réussite. » Jack E. Addington

Je suis reconnaissant(e) :

Mon affirmation positive :

Ce qui fera d'aujourd'hui une belle journée :

Défi : Sortez au restaurant

Mon humeur : ☐ ☐ ☐

Ces choses qui m'ont donné le sourire aujourd'hui :

Comment aurais-je pu rendre cette journée encore meilleure ?

Date: / /

« En chinois, le mot crise est formé de deux caractères. L'un représente le danger. L'autre l'opportunité. »

J. F. Kennedy

Je suis reconnaissant(e) :

Mon affirmation positive :

Ce qui fera d'aujourd'hui une belle journée :

Mon humeur : ☐ ☐ ☐

Ces choses qui m'ont donné le sourire aujourd'hui :

Comment aurais-je pu rendre cette journée encore meilleure ?

Date: / /

« Il n'y a personne qui ne soit né sous une mauvaise étoile, il n'y a que des gens qui ne savent pas lire le ciel. »

Dalaï Lama

Je suis reconnaissant(e) :

Mon affirmation positive :

Ce qui fera d'aujourd'hui une belle journée :

Mon humeur : ☐ ☐ ☐

Ces choses qui m'ont donné le sourire aujourd'hui :

Comment aurais-je pu rendre cette journée encore meilleure ?

Date: / /

« Peu importe si le début paraît petit. »
Henri David Thoreau

Je suis reconnaissant(e) :

Mon affirmation positive :

Ce qui fera d'aujourd'hui une belle journée :

Mon humeur : ☐ ☐ ☐

Ces choses qui m'ont donné le sourire aujourd'hui :

Comment aurais-je pu rendre cette journée encore meilleure ?

Date: / /

« Plus grand est l'obstacle, plus grande est la gloire de le surmonter. » Molière

Je suis reconnaissant(e) :

Mon affirmation positive :

Ce qui fera d'aujourd'hui une belle journée :

Défi : Choisissez une destination pour vos vacances

Mon humeur : ☐ ☐ ☐

Ces choses qui m'ont donné le sourire aujourd'hui :

Comment aurais-je pu rendre cette journée encore meilleure ?

Date: / /

« On a toujours le choix. On est même la somme de ses choix. »

Joseph O' Connor

Je suis reconnaissant(e) :

Mon affirmation positive :

Ce qui fera d'aujourd'hui une belle journée :

Mon humeur : ☐ ☐ ☐

Ces choses qui m'ont donné le sourire aujourd'hui :

Comment aurais-je pu rendre cette journée encore meilleure ?

Date: / /

« Les portes de l'avenir sont ouvertes à ceux qui savent les pousser. » Coluche

Je suis reconnaissant(e) :

Mon affirmation positive :

Ce qui fera d'aujourd'hui une belle journée :

Mon humeur : ☐ ☐ ☐

Ces choses qui m'ont donné le sourire aujourd'hui :

Comment aurais-je pu rendre cette journée encore meilleure ?

Date: / /

« Ne regarde jamais d'où tu pars, mais fixe le but de toute ta volonté, instinctivement, tu mesureras ton élan à l'effort que tu dois accomplir. » Reine Malouin

Je suis reconnaissant(e) :

Mon affirmation positive :

Ce qui fera d'aujourd'hui une belle journée :

Mon humeur : ☐ ☐ ☐

Ces choses qui m'ont donné le sourire aujourd'hui :

Comment aurais-je pu rendre cette journée encore meilleure ?

Date: / /

« J'attribue mon succès à ceci : Je n'ai jamais présenté ou accepté aucune excuse. » Florence Nightingale

Je suis reconnaissant(e) :

Mon affirmation positive :

Ce qui fera d'aujourd'hui une belle journée :

Défi : Visitez un lac ou faites une randonnée

Mon humeur : ☐ ☐ ☐

Ces choses qui m'ont donné le sourire aujourd'hui :

Comment aurais-je pu rendre cette journée encore meilleure ?

Date: / /

« Si vous commencez avec rien et que vous finissez avec rien, vous n'avez donc rien à perdre. » Michael Dunlop

Je suis reconnaissant(e) :

Mon affirmation positive :

Ce qui fera d'aujourd'hui une belle journée :

Mon humeur : ☹ ☐ 😐 ☐ ☺ ☐

Ces choses qui m'ont donné le sourire aujourd'hui :

Comment aurais-je pu rendre cette journée encore meilleure ?

Date: / /

« L'eau, goutte à goutte, creuse le roc. »
Théocrite

Je suis reconnaissant(e) :

....

....

Mon affirmation positive :

....

Ce qui fera d'aujourd'hui une belle journée :

....

....

Mon humeur : ☐ ☐ ☐

Ces choses qui m'ont donné le sourire aujourd'hui :

....

....

Comment aurais-je pu rendre cette journée encore meilleure ?

....

Date: / /

« Tous les jours à tous points de vue, je vais de mieux en mieux. » Émile Coué.

Je suis reconnaissant(e) :

Mon affirmation positive :

Ce qui fera d'aujourd'hui une belle journée :

Mon humeur : ☐ ☐ ☐

Ces choses qui m'ont donné le sourire aujourd'hui :

Comment aurais-je pu rendre cette journée encore meilleure ?

Date: / /

« Un but n'est pas toujours destiné à être atteint, il sert souvent simplement comme quelque chose à viser. »

Bruce Lee

Je suis reconnaissant(e) :

Mon affirmation positive :

Ce qui fera d'aujourd'hui une belle journée :

Défi : Notez vos points forts sur papier

Mon humeur : ☐ ☐ ☐

Ces choses qui m'ont donné le sourire aujourd'hui :

Comment aurais-je pu rendre cette journée encore meilleure ?

Date: / /

« Les 3 clés du succès: 1. Se fixer un objectif. 2. Y croire ardemment. 3. Travailler. Tout est possible! »
Hugo Girard

Je suis reconnaissant(e) :

Mon affirmation positive :

Ce qui fera d'aujourd'hui une belle journée :

Mon humeur :

Ces choses qui m'ont donné le sourire aujourd'hui :

Comment aurais-je pu rendre cette journée encore meilleure ?

Date: /   /

« Tu manques 100% des coups que tu ne prends pas! »
Wayne Gretzky

Je suis reconnaissant(e) :

Mon affirmation positive :

Ce qui fera d'aujourd'hui une belle journée :

Mon humeur :

Ces choses qui m'ont donné le sourire aujourd'hui :

Comment aurais-je pu rendre cette journée encore meilleure ?

Date: / /

« Le dur travail bat le talent lorsque le talent ne travaille pas assez fort. » Tim Notke

Je suis reconnaissant(e) :

Mon affirmation positive :

Ce qui fera d'aujourd'hui une belle journée :

Mon humeur :

Ces choses qui m'ont donné le sourire aujourd'hui :

Comment aurais-je pu rendre cette journée encore meilleure ?

Date: / /

« La motivation est, pour l'esprit, semblable à de la nourriture. Une assiette seule ne suffit pas. »

Peter J. Davies

Je suis reconnaissant(e) :

Mon affirmation positive :

Ce qui fera d'aujourd'hui une belle journée :

Défi : Inscrivez vous pour un cours gratuit.

Mon humeur : ☐ ☐ ☐

Ces choses qui m'ont donné le sourire aujourd'hui :

Comment aurais-je pu rendre cette journée encore meilleure ?

Date: / /

« Avoir des objectifs est non seulement nécessaire pour nous motiver, mais c'est essentiel pour que nous restions en vie. »

Robert H. Schuller

Je suis reconnaissant(e) :

Mon affirmation positive :

Ce qui fera d'aujourd'hui une belle journée :

Mon humeur : ☐ ☐ ☐

Ces choses qui m'ont donné le sourire aujourd'hui :

Comment aurais-je pu rendre cette journée encore meilleure ?

Date: / /

« Un athlète ne peut arriver en compétition très motivé s'il n'a jamais été mis à l'épreuve. » Sénèque

Je suis reconnaissant(e) :

Mon affirmation positive :

Ce qui fera d'aujourd'hui une belle journée :

Mon humeur : ☐ ☐ ☐

Ces choses qui m'ont donné le sourire aujourd'hui :

Comment aurais-je pu rendre cette journée encore meilleure ?

Date: / /

« L'angoisse me motive. Si elle disparaissait, ça ne serait pas bon signe. » Joaquin Phoenix

Je suis reconnaissant(e) :

Mon affirmation positive :

Ce qui fera d'aujourd'hui une belle journée :

Mon humeur : ☐ ☐ ☐

Ces choses qui m'ont donné le sourire aujourd'hui :

Comment aurais-je pu rendre cette journée encore meilleure ?

Date: / /

« Motiver, c'est inverser le sens de l'énergie. »
François Proust

Je suis reconnaissant(e) :

Mon affirmation positive :

Ce qui fera d'aujourd'hui une belle journée :

Défi : Faites un FaceTime avec un vieil ami.

Mon humeur : ☐ ☐ ☐

Ces choses qui m'ont donné le sourire aujourd'hui :

Comment aurais-je pu rendre cette journée encore meilleure ?

Date: / /

« La plus brave chose que vous puissiez faire quand vous manquez de courage est d'exhorter les gens à l'être et de leur donner l'exemple. » Corra Harris

Je suis reconnaissant(e) :

Mon affirmation positive :

Ce qui fera d'aujourd'hui une belle journée :

Mon humeur : ☐ ☐ ☐

Ces choses qui m'ont donné le sourire aujourd'hui :

Comment aurais-je pu rendre cette journée encore meilleure ?

Date: / /

« Tout a commencé de rien. » Ben Weissenstein

Je suis reconnaissant(e) :

Mon affirmation positive :

Ce qui fera d'aujourd'hui une belle journée :

Mon humeur : ☐ ☐ ☐

Ces choses qui m'ont donné le sourire aujourd'hui :

Comment aurais-je pu rendre cette journée encore meilleure ?

Date: / /

« Le succès c'est tomber sept fois, se relever huit. »
Proverbe japonais

Je suis reconnaissant(e) :

Mon affirmation positive :

Ce qui fera d'aujourd'hui une belle journée :

Mon humeur : ☐ ☐ ☐

Ces choses qui m'ont donné le sourire aujourd'hui :

Comment aurais-je pu rendre cette journée encore meilleure ?

Date: / /

« Lorsque vous innovez, vous devez vous préparer à ce que l'on vous traite de cinglé. » Larry Ellison

Je suis reconnaissant(e) :

Mon affirmation positive :

Ce qui fera d'aujourd'hui une belle journée :

Défi : Mettez votre photo préférée dans un cadre.

Mon humeur : ☐ ☐ ☐

Ces choses qui m'ont donné le sourire aujourd'hui :

Comment aurais-je pu rendre cette journée encore meilleure ?

Date: / /

« Les rêves sont toujours des départs. »
Jacqueline Mabit

Je suis reconnaissant(e) :

Mon affirmation positive :

Ce qui fera d'aujourd'hui une belle journée :

Mon humeur : ☐ ☐ ☐

Ces choses qui m'ont donné le sourire aujourd'hui :

Comment aurais-je pu rendre cette journée encore meilleure ?

Date: / /

« Pour gagner, il faut risquer de perdre. »
Jean-Claude Killy

Je suis reconnaissant(e) :

Mon affirmation positive :

Ce qui fera d'aujourd'hui une belle journée :

Mon humeur : ☐ ☐ ☐

Ces choses qui m'ont donné le sourire aujourd'hui :

Comment aurais-je pu rendre cette journée encore meilleure ?

Date: / /

« Ceux qui ne font rien ne se trompent jamais. »
Théodore de Banville

Je suis reconnaissant(e) :

...

...

Mon affirmation positive :

...

Ce qui fera d'aujourd'hui une belle journée :

...

Défi : Organisez un dîner avec des amis ou de la famille.

Mon humeur : ☐ ☐ ☐

Ces choses qui m'ont donné le sourire aujourd'hui :

...

...

Comment aurais-je pu rendre cette journée encore meilleure ?

...

Date: / /

« Les difficultés ne sont pas faites pour abattre mais pour être abattues. » Charles de Montalembert

Je suis reconnaissant(e) :

Mon affirmation positive :

Ce qui fera d'aujourd'hui une belle journée :

Mon humeur : ☐ ☐ ☐

Ces choses qui m'ont donné le sourire aujourd'hui :

Comment aurais-je pu rendre cette journée encore meilleure ?

Date: / /

« De bonnes choses sont à venir sur ta route. Il ne faut simplement pas arrêter de marcher. »

Robert Warren Painter Jr

Je suis reconnaissant(e) :

Mon affirmation positive :

Ce qui fera d'aujourd'hui une belle journée :

Mon humeur :

☐ ☐ ☐

Ces choses qui m'ont donné le sourire aujourd'hui :

Comment aurais-je pu rendre cette journée encore meilleure ?

Date: / /

« Faites toujours ce qui vous effraie. »
Ralph Waldo Emerson

Je suis reconnaissant(e) :

Mon affirmation positive :

Ce qui fera d'aujourd'hui une belle journée :

Mon humeur : ☐ ☐ ☐

Ces choses qui m'ont donné le sourire aujourd'hui :

Comment aurais-je pu rendre cette journée encore meilleure ?

Date: / /

« Pour pouvoir contempler un arc-en-ciel, il faut d'abord endurer la pluie. » Proverbe chinois

Je suis reconnaissant(e) :

Mon affirmation positive :

Ce qui fera d'aujourd'hui une belle journée :

Défi : Faites une vente sur Internet et gagnez de l'argent.

Mon humeur :

Ces choses qui m'ont donné le sourire aujourd'hui :

Comment aurais-je pu rendre cette journée encore meilleure ?

Date: / /

« La motivation transforme une tâche en un devoir, avec l'union, c'est la victoire. » Didier Court

Je suis reconnaissant(e) :

Mon affirmation positive :

Ce qui fera d'aujourd'hui une belle journée :

Mon humeur : ☐ ☐ ☐

Ces choses qui m'ont donné le sourire aujourd'hui :

Comment aurais-je pu rendre cette journée encore meilleure ?

Date: / /

« Courage, motivation et patience produisent la réussite. »

Malik Yansane

Je suis reconnaissant(e) :

Mon affirmation positive :

Ce qui fera d'aujourd'hui une belle journée :

Mon humeur : ☐ ☐ ☐

Ces choses qui m'ont donné le sourire aujourd'hui :

Comment aurais-je pu rendre cette journée encore meilleure ?

Date: / /

« La motivation, c'est le refus de voir les gens devant soi. »
Beni Kiambi

Je suis reconnaissant(e) :

Mon affirmation positive :

Ce qui fera d'aujourd'hui une belle journée :

Mon humeur : ☐ ☐ ☐

Ces choses qui m'ont donné le sourire aujourd'hui :

Comment aurais-je pu rendre cette journée encore meilleure ?

Date: / /

« La peur est une source de motivation et de dépassement, car au-delà d'elle, il y a l'expérience. »

Patrick Louis Richard

Je suis reconnaissant(e) :

....

....

Mon affirmation positive :

....

Ce qui fera d'aujourd'hui une belle journée :

....

Défi : Regardez le coucher du soleil.

Mon humeur : ☐ ☐ ☐

Ces choses qui m'ont donné le sourire aujourd'hui :

....

....

Comment aurais-je pu rendre cette journée encore meilleure ?

....

Date: / /

« Soyez votre propre source de motivation. »
Lehann

Je suis reconnaissant(e) :

Mon affirmation positive :

Ce qui fera d'aujourd'hui une belle journée :

Mon humeur : ☐ ☐ ☐

Ces choses qui m'ont donné le sourire aujourd'hui :

Comment aurais-je pu rendre cette journée encore meilleure ?

Date: / /

« Rien ne vous emprisonne excepté vos pensées. Rien ne vous limite excepté vos peurs. Rien ne vous contrôle excepté vos croyances. » Marianne Williamson

Je suis reconnaissant(e) :

Mon affirmation positive :

Ce qui fera d'aujourd'hui une belle journée :

Mon humeur : ☐ ☐ ☐

Ces choses qui m'ont donné le sourire aujourd'hui :

Comment aurais-je pu rendre cette journée encore meilleure ?

Date: / /

« Quoique vous puissiez faire ou rêvez de faire, commencez-le. »
Fabrice Grinda

Je suis reconnaissant(e) :

Mon affirmation positive :

Ce qui fera d'aujourd'hui une belle journée :

Mon humeur : ☐ ☐ ☐

Ces choses qui m'ont donné le sourire aujourd'hui :

Comment aurais-je pu rendre cette journée encore meilleure ?

Date: / /

« Chaque réussite commence avec la volonté d'essayer. »
Source inconnue

Je suis reconnaissant(e) :

Mon affirmation positive :

Ce qui fera d'aujourd'hui une belle journée :

Défi : Prenez un jour de congé juste pour vous.

Mon humeur : ☐ ☐ ☐

Ces choses qui m'ont donné le sourire aujourd'hui :

Comment aurais-je pu rendre cette journée encore meilleure ?

Date: / /

« On ne construit rien sur des regrets, par contre on bâtit sur des résolutions. » Anne Bernard

Je suis reconnaissant(e) :

Mon affirmation positive :

Ce qui fera d'aujourd'hui une belle journée :

Mon humeur : ☐ ☐ ☐

Ces choses qui m'ont donné le sourire aujourd'hui :

Comment aurais-je pu rendre cette journée encore meilleure ?

Date: / /

« Le pessimisme est affaire d'humeur, l'optimisme est affaire de volonté. » Emile-Auguste Alain

Je suis reconnaissant(e) :

Mon affirmation positive :

Ce qui fera d'aujourd'hui une belle journée :

Mon humeur : ☐ ☐ ☐

Ces choses qui m'ont donné le sourire aujourd'hui :

Comment aurais-je pu rendre cette journée encore meilleure ?

Date: / /

« On commence par dire : cela est impossible pour se dispenser de le tenter, et cela devient impossible, en effet, parce qu'on ne le tente pas. » Charles Fourier

Je suis reconnaissant(e) :

Mon affirmation positive :

Ce qui fera d'aujourd'hui une belle journée :

Défi : Visitez un musée.

Mon humeur :

Ces choses qui m'ont donné le sourire aujourd'hui :

Comment aurais-je pu rendre cette journée encore meilleure ?

Date: / /

. *« Il ne faut avoir aucun regret pour le passé, aucun remords pour le présent, et une confiance inébranlable pour l'avenir. »*

Jean Jaures

Je suis reconnaissant(e) :

Mon affirmation positive :

Ce qui fera d'aujourd'hui une belle journée :

Mon humeur : ☐ ☐ ☐

Ces choses qui m'ont donné le sourire aujourd'hui :

Comment aurais-je pu rendre cette journée encore meilleure ?

Date: / /

« Si vous avez confiance en vous-même, vous inspirez confiance aux autres » Goethe

Je suis reconnaissant(e) :

Mon affirmation positive :

Ce qui fera d'aujourd'hui une belle journée :

Mon humeur : ☐ ☐ ☐

Ces choses qui m'ont donné le sourire aujourd'hui :

Comment aurais-je pu rendre cette journée encore meilleure ?

Date: / /

« Il y a des fleurs partout pour qui veut bien les voir. »
Henri Matisse

Je suis reconnaissant(e) :

Mon affirmation positive :

Ce qui fera d'aujourd'hui une belle journée :

Mon humeur :

Ces choses qui m'ont donné le sourire aujourd'hui :

Comment aurais-je pu rendre cette journée encore meilleure ?

Date: / /

« A coeur vaillant, rien d'impossible. »
Jacques Coeur

Je suis reconnaissant(e) :

Mon affirmation positive :

Ce qui fera d'aujourd'hui une belle journée :

Défi : Postez sur Facebook une vieille photo qui vous rend heureux.

Mon humeur :

Ces choses qui m'ont donné le sourire aujourd'hui :

Comment aurais-je pu rendre cette journée encore meilleure ?

Date: / /

« Ce n'est pas l'échec qui est criminel en soi, c'est le manque d'ambition. Plus difficile est l'objectif à atteindre, plus glorieuse est la défaite. » Bruce Lee

Je suis reconnaissant(e) :

Mon affirmation positive :

Ce qui fera d'aujourd'hui une belle journée :

Mon humeur : ☐ ☐ ☐

Ces choses qui m'ont donné le sourire aujourd'hui :

Comment aurais-je pu rendre cette journée encore meilleure ?

Date: / /

« L'échec est l'épice qui donne sa saveur à la réussite. »
Truman Capote

Je suis reconnaissant(e) :

Mon affirmation positive :

Ce qui fera d'aujourd'hui une belle journée :

Mon humeur : ☐ ☐ ☐

Ces choses qui m'ont donné le sourire aujourd'hui :

Comment aurais-je pu rendre cette journée encore meilleure ?

Date: /   /

« Les seules personnes qui sont bien payées, sont celles qui ne suivent pas de guide, qui créent de l'art, qui sont innovantes, qui travaillent sans plan. » Seth Godin

Je suis reconnaissant(e) :

Mon affirmation positive :

Ce qui fera d'aujourd'hui une belle journée :

Défi : Faites don de vieux vêtements à une association.

Mon humeur : ☐ ☐ ☐

Ces choses qui m'ont donné le sourire aujourd'hui :

Comment aurais-je pu rendre cette journée encore meilleure ?

Date: / /

« Ne laissez personne vous voler votre imagination, votre créativité ou votre curiosité. C'est votre place dans le monde, c'est votre vie. » Mae C. Jemison

Je suis reconnaissant(e) :

Mon affirmation positive :

Ce qui fera d'aujourd'hui une belle journée :

Mon humeur : ☐ ☐ ☐

Ces choses qui m'ont donné le sourire aujourd'hui :

Comment aurais-je pu rendre cette journée encore meilleure ?

Date: / /

« Souvenez-vous que ne pas obtenir ce que l'on veut peut parfois se révéler être un incroyable coup de chance. »

Tenzin Gyatzo

Je suis reconnaissant(e) :

Mon affirmation positive :

Ce qui fera d'aujourd'hui une belle journée :

Mon humeur : ☐ ☐ ☐

Ces choses qui m'ont donné le sourire aujourd'hui :

Comment aurais-je pu rendre cette journée encore meilleure ?

Date: / /

« Gérer, ce n'est rien d'autre que de motiver les autres. »

Lee Lacocca

Je suis reconnaissant(e) :

••

••

Mon affirmation positive :

••

Ce qui fera d'aujourd'hui une belle journée :

••

••

Mon humeur : ☹ ☐ 😐 ☐ ☺ ☐

Ces choses qui m'ont donné le sourire aujourd'hui :

••

••

Comment aurais-je pu rendre cette journée encore meilleure ?

••

Date: / /

« Bon. Meilleur. Mieux. Ne jamais laisser se reposer. Mieux vous vous sentez, mieux vous vous sentirez. »

Saint Jerôme

Je suis reconnaissant(e) :

Mon affirmation positive :

Ce qui fera d'aujourd'hui une belle journée :

Défi : Écrivez des cartes de remerciement.

Mon humeur : ☐ ☐ ☐

Ces choses qui m'ont donné le sourire aujourd'hui :

Comment aurais-je pu rendre cette journée encore meilleure ?

Date: / /

« Je ne serai jamais dépassé par l'échec si ma volonté de réussir est assez forte. » Og Mandino

Je suis reconnaissant(e) :

Mon affirmation positive :

Ce qui fera d'aujourd'hui une belle journée :

Mon humeur : ☐ ☐ ☐

Ces choses qui m'ont donné le sourire aujourd'hui :

Comment aurais-je pu rendre cette journée encore meilleure ?

Date: / /

« Le passé ne peut pas être changé. L'avenir est encore entre vos mains. » Source inconnue

Je suis reconnaissant(e) :

Mon affirmation positive :

Ce qui fera d'aujourd'hui une belle journée :

Mon humeur :

Ces choses qui m'ont donné le sourire aujourd'hui :

Comment aurais-je pu rendre cette journée encore meilleure ?

Date: / /

« Un homme créatif est motivé par le désir de réaliser, et non par le désir de battre les autres. » Ayn Rand

Je suis reconnaissant(e) :

Mon affirmation positive :

Ce qui fera d'aujourd'hui une belle journée :

Mon humeur : ☐ ☐ ☐

Ces choses qui m'ont donné le sourire aujourd'hui :

Comment aurais-je pu rendre cette journée encore meilleure ?

Date: / /

« Je ne crois pas qu'il faut être meilleur que tout le monde. Je crois qu'il faut être meilleur que vous ne pensiez jamais que vous pourriez l'être. » Ken Venturi

Je suis reconnaissant(e) :

Mon affirmation positive :

Ce qui fera d'aujourd'hui une belle journée :

Défi : Allez à une soirée de karaoké avec vos copines.

Mon humeur : ☐ ☐ ☐

Ces choses qui m'ont donné le sourire aujourd'hui :

Comment aurais-je pu rendre cette journée encore meilleure ?

Date: / /

"On a deux vies. La deuxième commence quand on réalise qu'on n'en a qu'une." Confucius

Je suis reconnaissant(e) :

Mon affirmation positive :

Ce qui fera d'aujourd'hui une belle journée :

Mon humeur : ☐ ☐ ☐

Ces choses qui m'ont donné le sourire aujourd'hui :

Comment aurais-je pu rendre cette journée encore meilleure ?

Date: / /

"L'obscurité ne peut pas chasser l'obscurité, seule la lumière le peut. La haine ne peut pas chasser la haine, seul l'amour le peut." Martin Luther King

Je suis reconnaissant(e) :

Mon affirmation positive :

Ce qui fera d'aujourd'hui une belle journée :

Mon humeur : ☐ ☐ ☐

Ces choses qui m'ont donné le sourire aujourd'hui :

Comment aurais-je pu rendre cette journée encore meilleure ?

Date: / /

"La vie mettra des pierres sur ta route. A toi de décider d'en faire des murs ou des ponts." Auteur inconnu

Je suis reconnaissant(e) :

Mon affirmation positive :

Ce qui fera d'aujourd'hui une belle journée :

Mon humeur : ☐ ☐ ☐

Ces choses qui m'ont donné le sourire aujourd'hui :

Comment aurais-je pu rendre cette journée encore meilleure ?

Date: / /

"La vie, ce n'est pas d'attendre que les orages passent, c'est d'apprendre à danser sous la pluie." Sénèque

Je suis reconnaissant(e) :

Mon affirmation positive :

Ce qui fera d'aujourd'hui une belle journée :

Défi : Offrez vous un joli bouquet de fleurs.

Mon humeur : ☐ ☐ ☐

Ces choses qui m'ont donné le sourire aujourd'hui :

Comment aurais-je pu rendre cette journée encore meilleure ?

Date: / /

" Nos vies sont pleines de catastrophes qui n'ont jamais eu lieu."
Auteur inconnu

Je suis reconnaissant(e) :

....

....

Mon affirmation positive :

....

Ce qui fera d'aujourd'hui une belle journée :

....

....

Mon humeur : ☐ ☐ ☐

Ces choses qui m'ont donné le sourire aujourd'hui :

....

....

Comment aurais-je pu rendre cette journée encore meilleure ?

....

Date: / /

" Accepte ce qui est, laisse aller ce qui était, aie confiance en ce qui sera." Bouddha

Je suis reconnaissant(e) :

Mon affirmation positive :

Ce qui fera d'aujourd'hui une belle journée :

Mon humeur : ☐ ☐ ☐

Ces choses qui m'ont donné le sourire aujourd'hui :

Comment aurais-je pu rendre cette journée encore meilleure ?

Date: / /

"S'il y a un problème, il y a une solution. S'il n'y a pas de solution, alors ce n'est pas un problème."

Divers auteurs

Je suis reconnaissant(e) :

Mon affirmation positive :

Ce qui fera d'aujourd'hui une belle journée :

Mon humeur : ☐ ☐ ☐

Ces choses qui m'ont donné le sourire aujourd'hui :

Comment aurais-je pu rendre cette journée encore meilleure ?

Date: / /

"Si vous pouvez le rêver, vous pouvez le faire." Walt Disney

Je suis reconnaissant(e) :

Mon affirmation positive :

Ce qui fera d'aujourd'hui une belle journée :

Défi : Faites du yoga en plein air.

Mon humeur :

Ces choses qui m'ont donné le sourire aujourd'hui :

Comment aurais-je pu rendre cette journée encore meilleure ?

Date: / /

"J'ai décidé d'être heureux parce que c'est bon pour la santé."
Voltaire

Je suis reconnaissant(e) :

Mon affirmation positive :

Ce qui fera d'aujourd'hui une belle journée :

Mon humeur : ☐ ☐ ☐

Ces choses qui m'ont donné le sourire aujourd'hui :

Comment aurais-je pu rendre cette journée encore meilleure ?

Date: / /

"Si vous pensez que l'aventure est dangereuse, essayez la routine, elle est mortelle." Paulo Coelho

Je suis reconnaissant(e) :

Mon affirmation positive :

Ce qui fera d'aujourd'hui une belle journée :

Mon humeur :

Ces choses qui m'ont donné le sourire aujourd'hui :

Comment aurais-je pu rendre cette journée encore meilleure ?

Date: / /

"Les gens les plus heureux n'ont pas tout ce qu'il y a de mieux.
Ils font juste de leur mieux avec tout ce qu'ils ont."
Auteur inconnu

Je suis reconnaissant(e) :

Mon affirmation positive :

Ce qui fera d'aujourd'hui une belle journée :

Mon humeur : ☐ ☐ ☐

Ces choses qui m'ont donné le sourire aujourd'hui :

Comment aurais-je pu rendre cette journée encore meilleure ?

Date: / /

"Tous les hommes pensent que le bonheur se trouve au sommet de la montagne. Alors qu'il réside dans la façon de la gravir."

Auteur inconnu

Je suis reconnaissant(e) :

Mon affirmation positive :

Ce qui fera d'aujourd'hui une belle journée :

Défi : Écrivez un poème.

Mon humeur : ☐ ☐ ☐

Ces choses qui m'ont donné le sourire aujourd'hui :

Comment aurais-je pu rendre cette journée encore meilleure ?

Date: / /

"Le véritable voyage ne consiste pas à chercher de nouveaux paysages, mais à avoir de nouveaux yeux."
Marcel Proust

Je suis reconnaissant(e) :

Mon affirmation positive :

Ce qui fera d'aujourd'hui une belle journée :

Mon humeur : ☐ ☐ ☐

Ces choses qui m'ont donné le sourire aujourd'hui :

Comment aurais-je pu rendre cette journée encore meilleure ?

Date: / /

"Avec trop on se perd. Avec moins on se trouve."
Tchouang Tseu

Je suis reconnaissant(e) :

Mon affirmation positive :

Ce qui fera d'aujourd'hui une belle journée :

Mon humeur : ☐ ☐ ☐

Ces choses qui m'ont donné le sourire aujourd'hui :

Comment aurais-je pu rendre cette journée encore meilleure ?

Date: / /

"Là où vos talents et les besoins du monde se rencontrent, là se trouve votre vocation." Aristote.

Je suis reconnaissant(e) :

Mon affirmation positive :

Ce qui fera d'aujourd'hui une belle journée :

Défi : Passez un jour entier en pyjama.

Mon humeur : ☐ ☐ ☐

Ces choses qui m'ont donné le sourire aujourd'hui :

Comment aurais-je pu rendre cette journée encore meilleure ?

Date: / /

"Accomplis chaque acte de ta vie comme s'il devait être le dernier." Marc Aurèle

Je suis reconnaissant(e) :

Mon affirmation positive :

Ce qui fera d'aujourd'hui une belle journée :

Mon humeur : ☐ ☐ ☐

Ces choses qui m'ont donné le sourire aujourd'hui :

Comment aurais-je pu rendre cette journée encore meilleure ?

Date: / /

"N'aie pas peur d'avancer lentement. Aie peur de rester immobile." Proverbe chinois

Je suis reconnaissant(e) :

Mon affirmation positive :

Ce qui fera d'aujourd'hui une belle journée :

Mon humeur : ☹ ☐ 😐 ☐ ☺ ☐

Ces choses qui m'ont donné le sourire aujourd'hui :

Comment aurais-je pu rendre cette journée encore meilleure ?

Date: / /

"Ne cherche pas le bonheur, crée-le."

Je suis reconnaissant(e) :

Mon affirmation positive :

Ce qui fera d'aujourd'hui une belle journée :

Mon humeur : ☐ ☐ ☐

Ces choses qui m'ont donné le sourire aujourd'hui :

Comment aurais-je pu rendre cette journée encore meilleure ?

Date: / /

"Ne t'inquiète pas de l'échec. Inquiète-toi de ce que tu manques si tu n'essayes même pas." Jack Canfield

Je suis reconnaissant(e) :

Mon affirmation positive :

Ce qui fera d'aujourd'hui une belle journée :

Défi : Allez dans un restaurant chic pour dîner.

Mon humeur : ☐ ☐ ☐

Ces choses qui m'ont donné le sourire aujourd'hui :

Comment aurais-je pu rendre cette journée encore meilleure ?

Date: / /

"Croyez en vos rêves et ils se réaliseront peut-être. Croyez en vous et ils se réaliseront sûrement."

Martin Luther King

Je suis reconnaissant(e) :

Mon affirmation positive :

Ce qui fera d'aujourd'hui une belle journée :

Mon humeur : ☐ ☐ ☐

Ces choses qui m'ont donné le sourire aujourd'hui :

Comment aurais-je pu rendre cette journée encore meilleure ?

Date: / /

"Vous ne trouverez jamais ce que vous ne cherchez pas."
Confucius.

Je suis reconnaissant(e) :

Mon affirmation positive :

Ce qui fera d'aujourd'hui une belle journée :

Mon humeur :

Ces choses qui m'ont donné le sourire aujourd'hui :

Comment aurais-je pu rendre cette journée encore meilleure ?

Date: / /

"Lorsqu'on regarde dans la bonne direction, il ne reste plus qu'à avancer." Proverbe bouddhiste

Je suis reconnaissant(e) :

Mon affirmation positive :

Ce qui fera d'aujourd'hui une belle journée :

Mon humeur : ☐ ☐ ☐

Ces choses qui m'ont donné le sourire aujourd'hui :

Comment aurais-je pu rendre cette journée encore meilleure ?

Date: / /

"Un objectif bien défini est à moitié atteint."
Abraham Lincoln

Je suis reconnaissant(e) :

Mon affirmation positive :

Ce qui fera d'aujourd'hui une belle journée :

Défi : Surprenez vos collègues avec des pâtisseries.

Mon humeur : ☐ ☐ ☐

Ces choses qui m'ont donné le sourire aujourd'hui :

Comment aurais-je pu rendre cette journée encore meilleure ?

Date: / /

"Quand on ose, on se trompe souvent. Quand on n'ose pas, on se trompe toujours." Romain Rolland.

Je suis reconnaissant(e) :

Mon affirmation positive :

Ce qui fera d'aujourd'hui une belle journée :

Mon humeur : ☐ ☐ ☐

Ces choses qui m'ont donné le sourire aujourd'hui :

Comment aurais-je pu rendre cette journée encore meilleure ?

Date: / /

"On a toujours le choix. On est même la somme de ses choix."
Joseph O' Connor

Je suis reconnaissant(e) :

Mon affirmation positive :

Ce qui fera d'aujourd'hui une belle journée :

Mon humeur : ☐ ☐ ☐

Ces choses qui m'ont donné le sourire aujourd'hui :

Comment aurais-je pu rendre cette journée encore meilleure ?

Date: / /

"La vie c'est comme une bicyclette, il faut avancer pour ne pas perdre l'équilibre." Albert Einstein

Je suis reconnaissant(e) :

Mon affirmation positive :

Ce qui fera d'aujourd'hui une belle journée :

Mon humeur :

Ces choses qui m'ont donné le sourire aujourd'hui :

Comment aurais-je pu rendre cette journée encore meilleure ?

Date: / /

"Quand la vie te donne une centaine de raisons de pleurer, montre-lui que tu en as mille de sourire."

Je suis reconnaissant(e) :

Mon affirmation positive :

Ce qui fera d'aujourd'hui une belle journée :

Défi : Embauchez quelqu'un pour nettoyer votre maison.

Mon humeur : ☐ ☐ ☐

Ces choses qui m'ont donné le sourire aujourd'hui :

Comment aurais-je pu rendre cette journée encore meilleure ?

Date: / /

"On sait qu'on est sur la bonne voie quand on n'a plus envie de se retourner." Auteur inconnu.

Je suis reconnaissant(e) :

Mon affirmation positive :

Ce qui fera d'aujourd'hui une belle journée :

Mon humeur : ☐ ☐ ☐

Ces choses qui m'ont donné le sourire aujourd'hui :

Comment aurais-je pu rendre cette journée encore meilleure ?

Date: / /

"Celui qui est le maître de lui-même est plus grand que celui qui est le maître du monde." Bouddha

Je suis reconnaissant(e) :

Mon affirmation positive :

Ce qui fera d'aujourd'hui une belle journée :

Mon humeur : ☐ ☐ ☐

Ces choses qui m'ont donné le sourire aujourd'hui :

Comment aurais-je pu rendre cette journée encore meilleure ?

Date: / /

"Au fur et à mesure que je modifie mes pensées, le monde autour de moi se transforme." Louise L. Hay.

Je suis reconnaissant(e) :

Mon affirmation positive :

Ce qui fera d'aujourd'hui une belle journée :

Mon humeur : ☐ ☐ ☐

Ces choses qui m'ont donné le sourire aujourd'hui :

Comment aurais-je pu rendre cette journée encore meilleure ?

Date: / /

"Il n'existe rien de constant si ce n'est le changement."
Bouddha

Je suis reconnaissant(e) :

Mon affirmation positive :

Ce qui fera d'aujourd'hui une belle journée :

Défi : Allez au cinéma.

Mon humeur : ☐ ☐ ☐

Ces choses qui m'ont donné le sourire aujourd'hui :

Comment aurais-je pu rendre cette journée encore meilleure ?

Date: / /

"Le cœur connait la bonne réponse."
Deepak Chopra

Je suis reconnaissant(e) :

Mon affirmation positive :

Ce qui fera d'aujourd'hui une belle journée :

Mon humeur :  

Ces choses qui m'ont donné le sourire aujourd'hui :

Comment aurais-je pu rendre cette journée encore meilleure ?

Date: / /

" Il y a deux façons de penser. L'une est de croire que les miracles n'existent pas. L'autre est de croire que chaque chose est un miracle." Albert Einstein

Je suis reconnaissant(e) :

Mon affirmation positive :

Ce qui fera d'aujourd'hui une belle journée :

Mon humeur : ☐ ☐ ☐

Ces choses qui m'ont donné le sourire aujourd'hui :

Comment aurais-je pu rendre cette journée encore meilleure ?

Date: / /

"Fais de ta vie un rêve et d'un rêve une réalité." Antoine de St Exupéry

Je suis reconnaissant(e) :

Mon affirmation positive :

Ce qui fera d'aujourd'hui une belle journée :

Défi : Achetez le nouvel album d'un de vos artistes préférés.

Mon humeur : ☐ ☐ ☐

Ces choses qui m'ont donné le sourire aujourd'hui :

Comment aurais-je pu rendre cette journée encore meilleure ?

Date: / /

"Il y a plus de courage que de talent dans la plupart des réussites." Félix Leclerc

Je suis reconnaissant(e) :

Mon affirmation positive :

Ce qui fera d'aujourd'hui une belle journée :

Mon humeur : ☐ ☐ ☐

Ces choses qui m'ont donné le sourire aujourd'hui :

Comment aurais-je pu rendre cette journée encore meilleure ?

Date: / /

"Pour réaliser une chose vraiment extraordinaire, commencez par la rêver." Walt Disney

Je suis reconnaissant(e) :

Mon affirmation positive :

Ce qui fera d'aujourd'hui une belle journée :

Mon humeur : ☐ ☐ ☐

Ces choses qui m'ont donné le sourire aujourd'hui :

Comment aurais-je pu rendre cette journée encore meilleure ?

Date: / /

"Ce que nous sommes est le résultat de ce que nous avons pensé." Bouddha.

Je suis reconnaissant(e) :

....

....

Mon affirmation positive :

....

Ce qui fera d'aujourd'hui une belle journée :

....

....

Mon humeur : ☐ ☐ ☐

Ces choses qui m'ont donné le sourire aujourd'hui :

....

....

Comment aurais-je pu rendre cette journée encore meilleure ?

....

Date: / /

"Les gagnants cherchent des moyens, les perdants des excuses."
Franklin Roosevelt

Je suis reconnaissant(e) :

....

....

Mon affirmation positive :

....

Ce qui fera d'aujourd'hui une belle journée :

....

Défi : Regardez un film de votre enfance.

Mon humeur : ☐ ☐ ☐

Ces choses qui m'ont donné le sourire aujourd'hui :

....

....

Comment aurais-je pu rendre cette journée encore meilleure ?

....

Date: / /

"Un voyage de mille lieues commence toujours par un premier pas." Lao Tseu

Je suis reconnaissant(e) :

....

....

Mon affirmation positive :

....

Ce qui fera d'aujourd'hui une belle journée :

....

....

Mon humeur : ☹ ☐ 😐 ☐ ☺ ☐

Ces choses qui m'ont donné le sourire aujourd'hui :

....

....

Comment aurais-je pu rendre cette journée encore meilleure ?

....

Date: / /

"Tous les jours à tous points de vue, je vais de mieux en mieux."

Émile Coué

Je suis reconnaissant(e) :

Mon affirmation positive :

Ce qui fera d'aujourd'hui une belle journée :

Mon humeur : ☐ ☐ ☐

Ces choses qui m'ont donné le sourire aujourd'hui :

Comment aurais-je pu rendre cette journée encore meilleure ?

Date: / /

"En te levant le matin, rappelle-toi combien précieux est le privilège de vivre, de respirer, d'être heureux."

Marc Aurèle

Je suis reconnaissant(e) :

Mon affirmation positive :

Ce qui fera d'aujourd'hui une belle journée :

Défi : Allez courir.

Mon humeur : ☐ ☐ ☐

Ces choses qui m'ont donné le sourire aujourd'hui :

Comment aurais-je pu rendre cette journée encore meilleure ?

Date: / /

"Si je disposais de neuf heures pour abattre un arbre, j'en emploierais six pour affûter ma hache."
Abraham Lincoln.

Je suis reconnaissant(e) :

Mon affirmation positive :

Ce qui fera d'aujourd'hui une belle journée :

Mon humeur : ☐ ☐ ☐

Ces choses qui m'ont donné le sourire aujourd'hui :

Comment aurais-je pu rendre cette journée encore meilleure ?

Date: / /

"Ce n'est pas parce que les choses sont difficiles que nous n'osons pas les faire, c'est parce que nous n'osons pas les faire qu'elles sont difficiles." Sénèque

Je suis reconnaissant(e) :

Mon affirmation positive :

Ce qui fera d'aujourd'hui une belle journée :

Mon humeur : ☐ ☐ ☐

Ces choses qui m'ont donné le sourire aujourd'hui :

Comment aurais-je pu rendre cette journée encore meilleure ?

Date: / /

"N'attendez pas d'être heureux pour sourire. Souriez plutôt afin d'être heureux." – Edward L. Kramer

Je suis reconnaissant(e) :

Mon affirmation positive :

Ce qui fera d'aujourd'hui une belle journée :

Mon humeur : ☐ ☐ ☐

Ces choses qui m'ont donné le sourire aujourd'hui :

Comment aurais-je pu rendre cette journée encore meilleure ?

Date: / /

"Si tu fais ce que tu as toujours fait, tu obtiendras ce que tu as toujours obtenu." – Tony Robbins

Je suis reconnaissant(e) :

Mon affirmation positive :

Ce qui fera d'aujourd'hui une belle journée :

Défi : Rendez visite à votre famille.

Mon humeur :

Ces choses qui m'ont donné le sourire aujourd'hui :

Comment aurais-je pu rendre cette journée encore meilleure ?

Date: / /

« Plus je prends le risque d'être moi-même, plus ma vie devient merveilleuse. »

Je suis reconnaissant(e) :

Mon affirmation positive :

Ce qui fera d'aujourd'hui une belle journée :

Mon humeur :

Ces choses qui m'ont donné le sourire aujourd'hui :

Comment aurais-je pu rendre cette journée encore meilleure ?

Date: / /

« Derrière chaque « je serai plus heureuse quand... », il y a une illusion. »

Je suis reconnaissant(e) :

Mon affirmation positive :

Ce qui fera d'aujourd'hui une belle journée :

Mon humeur :

Ces choses qui m'ont donné le sourire aujourd'hui :

Comment aurais-je pu rendre cette journée encore meilleure ?

Date: / /

« Le bonheur c'est comme tout : ça s'apprend. »

Je suis reconnaissant(e) :

Mon affirmation positive :

Ce qui fera d'aujourd'hui une belle journée :

Mon humeur : ☐ ☐ ☐

Ces choses qui m'ont donné le sourire aujourd'hui :

Comment aurais-je pu rendre cette journée encore meilleure ?

Date: / /

« Tu admets qu'il faut s'entraîner pour jouer au tennis ou d'un instrument ? Pour le bonheur, c'est la même chose. »

Je suis reconnaissant(e) :

Mon affirmation positive :

Ce qui fera d'aujourd'hui une belle journée :

Défi : Échangez des livres avec un ami.

Mon humeur :

Ces choses qui m'ont donné le sourire aujourd'hui :

Comment aurais-je pu rendre cette journée encore meilleure ?

Date: / /

« Sois heureuse, tu vivras plus longtemps. »

Je suis reconnaissant(e) :

Mon affirmation positive :

Ce qui fera d'aujourd'hui une belle journée :

Mon humeur : ☐ ☐ ☐

Ces choses qui m'ont donné le sourire aujourd'hui :

Comment aurais-je pu rendre cette journée encore meilleure ?

Date: / /

« Être heureuse, c'est cultiver notre part de lumière, et accueillir notre part d'ombre. »

Je suis reconnaissant(e) :

Mon affirmation positive :

Ce qui fera d'aujourd'hui une belle journée :

Mon humeur : ☐ ☐ ☐

Ces choses qui m'ont donné le sourire aujourd'hui :

Comment aurais-je pu rendre cette journée encore meilleure ?

Date: / /

« Rendre chaque jour une personne plus heureuse, voilà ma recette d'une journée réussie. »

Je suis reconnaissant(e) :

Mon affirmation positive :

Ce qui fera d'aujourd'hui une belle journée :

Mon humeur : ☐ ☐ ☐

Ces choses qui m'ont donné le sourire aujourd'hui :

Comment aurais-je pu rendre cette journée encore meilleure ?

Date: /   /

« Lève-toi chaque jour avec une idée en tête : vivre la vie qui te ressemble. »

Je suis reconnaissant(e) :

Mon affirmation positive :

Ce qui fera d'aujourd'hui une belle journée :

Défi : Notez des phrases positives et collez-les sur votre miroir.

Mon humeur :

Ces choses qui m'ont donné le sourire aujourd'hui :

Comment aurais-je pu rendre cette journée encore meilleure ?

Date: / /

« Aie toujours pour intention de contribuer positivement au monde qui t'entoure. »

Je suis reconnaissant(e) :

Mon affirmation positive :

Ce qui fera d'aujourd'hui une belle journée :

Mon humeur : ☐ ☐ ☐

Ces choses qui m'ont donné le sourire aujourd'hui :

Comment aurais-je pu rendre cette journée encore meilleure ?

Date: / /

« Vis comme si tu n'avais besoin de rien de plus. »

Je suis reconnaissant(e) :

Mon affirmation positive :

Ce qui fera d'aujourd'hui une belle journée :

Mon humeur : ☐ ☐ ☐

Ces choses qui m'ont donné le sourire aujourd'hui :

Comment aurais-je pu rendre cette journée encore meilleure ?

Date: / /

« Tu n'as pas 15 minutes pour prendre soin de ta vie aujourd'hui ? Alors prends 30 minutes »

Je suis reconnaissant(e) :

Mon affirmation positive :

Ce qui fera d'aujourd'hui une belle journée :

Mon humeur : ☐ ☐ ☐

Ces choses qui m'ont donné le sourire aujourd'hui :

Comment aurais-je pu rendre cette journée encore meilleure ?

Date: / /

« Pas-à-pas deviens celle que tu es déjà. »

Je suis reconnaissant(e) :

Mon affirmation positive :

Ce qui fera d'aujourd'hui une belle journée :

Défi : Faites des selfies.

Mon humeur :

Ces choses qui m'ont donné le sourire aujourd'hui :

Comment aurais-je pu rendre cette journée encore meilleure ?

Date: / /

« Si je devais résumer le bonheur par un mot, ce serait l'amour. »

Je suis reconnaissant(e) :

Mon affirmation positive :

Ce qui fera d'aujourd'hui une belle journée :

Mon humeur : ☐ ☐ ☐

Ces choses qui m'ont donné le sourire aujourd'hui :

Comment aurais-je pu rendre cette journée encore meilleure ?

Date: /   /

« Change ta vie, tu changeras le monde. »

Je suis reconnaissant(e) :

Mon affirmation positive :

Ce qui fera d'aujourd'hui une belle journée :

Mon humeur : ☐ ☐ ☐

Ces choses qui m'ont donné le sourire aujourd'hui :

Comment aurais-je pu rendre cette journée encore meilleure ?

Date: / /

« Quelle chose compte le plus pour toi ? Combien de temps lui as-tu accordé aujourd'hui ? »

Je suis reconnaissant(e) :

Mon affirmation positive :

Ce qui fera d'aujourd'hui une belle journée :

Défi : Commandez votre plat favori à emporter.

Mon humeur : ☐ ☐ ☐

Ces choses qui m'ont donné le sourire aujourd'hui :

Comment aurais-je pu rendre cette journée encore meilleure ?

Date: / /

« Le plus bel investissement que tu puisses faire, c'est investir sur toi. »

Je suis reconnaissant(e) :

....

....

Mon affirmation positive :

....

Ce qui fera d'aujourd'hui une belle journée :

....

....

Mon humeur : ☐ ☐ ☐

Ces choses qui m'ont donné le sourire aujourd'hui :

....

....

Comment aurais-je pu rendre cette journée encore meilleure ?

....

Date: / /

« Ecoute, aime, brille, inspire ! »

Je suis reconnaissant(e) :

Mon affirmation positive :

Ce qui fera d'aujourd'hui une belle journée :

Mon humeur : ☐ ☐ ☐

Ces choses qui m'ont donné le sourire aujourd'hui :

Comment aurais-je pu rendre cette journée encore meilleure ?

Date: / /

« Sur les flots, sur les grands chemins, nous poursuivons le bonheur, mais il est ici le bonheur » Horace

Je suis reconnaissant(e) :

Mon affirmation positive :

Ce qui fera d'aujourd'hui une belle journée :

Défi : Faites sécher des fleurs dans un livre.

Mon humeur : ☐ ☐ ☐

Ces choses qui m'ont donné le sourire aujourd'hui :

Comment aurais-je pu rendre cette journée encore meilleure ?

Date: /   /

« Parfois c'est différent de ce que nous espérions, et ...c'est mieux ainsi... »

Je suis reconnaissant(e) :

Mon affirmation positive :

Ce qui fera d'aujourd'hui une belle journée :

Mon humeur : ☹ ☐ 😐 ☐ ☺ ☐

Ces choses qui m'ont donné le sourire aujourd'hui :

Comment aurais-je pu rendre cette journée encore meilleure ?

Date: / /

« Je fais de la place aux pensées positives »

Je suis reconnaissant(e) :

Mon affirmation positive :

Ce qui fera d'aujourd'hui une belle journée :

Mon humeur : ☐ ☐ ☐

Ces choses qui m'ont donné le sourire aujourd'hui :

Comment aurais-je pu rendre cette journée encore meilleure ?

Date: / /

« Sois une voix, pas un écho » Albert Einstein

Je suis reconnaissant(e) :

Mon affirmation positive :

Ce qui fera d'aujourd'hui une belle journée :

Défi : Allez sur instagram : zakaryae_writings et laissez des commentaires

Mon humeur : ☐ ☐ ☐

Ces choses qui m'ont donné le sourire aujourd'hui :

Comment aurais-je pu rendre cette journée encore meilleure ?

Date: / /

"Tout le bonheur du monde est dans l'inattendu." De Jean d'Ormesson

Je suis reconnaissant(e) :

Mon affirmation positive :

Ce qui fera d'aujourd'hui une belle journée :

Mon humeur : ☐ ☐ ☐

Ces choses qui m'ont donné le sourire aujourd'hui :

Tu es magnifique

Printed in France by Amazon
Brétigny-sur-Orge, FR

16654135R00105